創元学術アルヒーフ

秘 外国新聞に現はれたる支那事変漫画

【リプリント版】内閣情報部・情報宣伝研究資料第七輯

白戸健一郎［解題］

創元社

目次

凡例

一、本書は、内閣情報部が一九三八年十二月に配布した「情報宣伝研究資料第七輯」のリプリント版である。本輯の詳細については、巻末の解題を参照のこと。

一、リプリントに際しては原本と同サイズで収録した。また、内容の改変は史料としての価値と性格を鑑み、一切行っていない。

情報宣傳研究資料

第七輯

昭和十三年十二月

内閣情報部

外國新聞に現はれたる支那事變漫畫

秘

本輯は外務省に於て蒐集したる日支事變勃發以來約一年間に外國新聞に現はれたる漫畫の代表的なるものを採錄したるものなり。甚しく見當違ひのもの、徒に日本を敵視せるもの等あるも、支那事變に對する列國の輿論を反映せるものとして參考となるもの多きを以て、情報宣傳に關する資料として印刷したるものなり。

目次

外國新聞に現はれたる支那事變漫畫

一、支那事變勃發

我が眞意に對する疑念は夙に表明された。併し支那の侵略は日本が始めたのではない、他の列國がその模範を示した責任を負はねばならぬと主張するものもあつた。

THE BATTLE FRONT!

Copyright, Brooklyn Daily Eagle

スペイン内亂記事を
おしのけて
ー支那事變トップ・
ニュースに現はる

（ブルックリン・デ
ーリー・イーグル
紙（米）
一九三七年八月
二十三日）

On The March In Self-Defense

自　衛　の　進　軍

日本は領土的野心なしと云ふビラを撒きながら支那の國土を足下に蹂躙してゐる

（ボルチモア・サン紙（米）一九三七年十月十日）

支那葉を蝕む日本の兜虫

（ブルックリン・デーリー・イーグル紙（米）一九三七年八月九日）

Japan Prepares to Declare War on China—News Dispatch

日本は支那に對して宣戰を布告せんとす
「今迄は友達附合ひだつた……」
（ワールド・テレグラム紙（米）一九三七年十一月五日）

Public Enemy of the Orient

—From *The St. Louis Post-Dispatch*

極東の公敵

（セントルイス、ポスト・デスパッチ紙（米）一九三七年八月二十二日）

Don't Point with Hands Full

By
Nelson Harding

英佛露はどうして日本を侵略者として指す事が出來よう
彼等は手に何を隱して居るのだらう
手を開けば自分等が取つたものを落してしまふだらう……

（ニューヨーク、ジャーナル・アメリカン紙（米）一九三七年十一月）

CONFESSION INTERNATIONALE

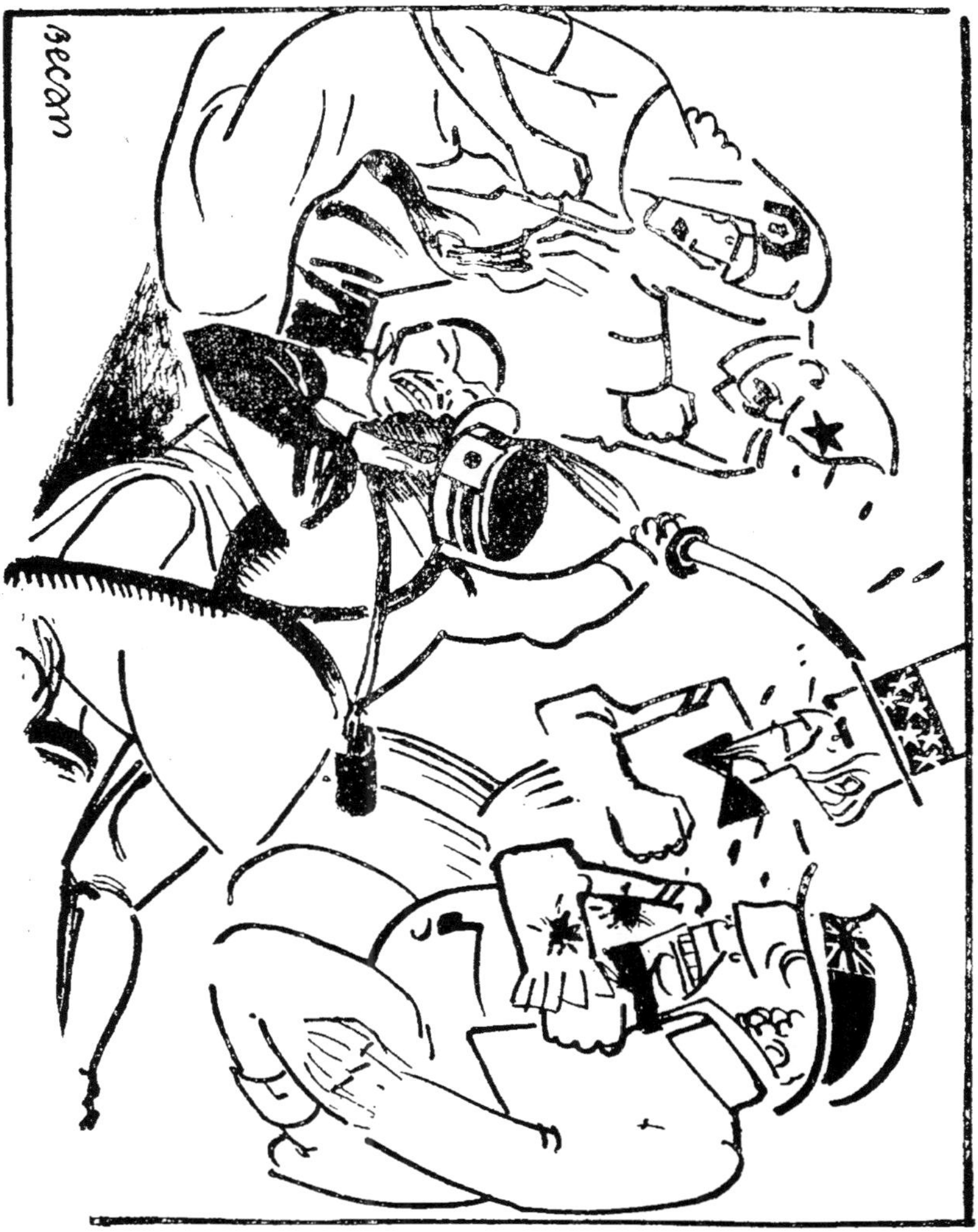

— Mea culpa, mea maxi ma culpa !

東亞へ戰禍を防止し得なかつたといつて各國の平和主義者、人道主義者達は神に向つて告白す

各國「私の罪です。おゝ神よ許したまへ」

（レピュブリック紙）

（佛）一九三七年十二月八日

Smoke—

世界の大疑問?

「富士山が噴火してどんなことになるのだらう」

（ボルチモア・サン紙（米） 一九三七年十月八日）

二、日本の對支協調政策

日本が日支提携、共存共榮を唱へ乍ら武力を以て支那を押へ付け、支那都市を爆擊して居ることは矛盾も甚しと評する者が多かつた。

The co-operative spirit

協和外交の精神
支那の扉を
叩いた日本人
「御免下さい！ 何と
住み心地のよい家で
せう」
支那家の主人
「そんな、危険な持物
を持つていらつしや
るのですか！」

（イーヴニング・ニュース紙（米）
一九三七年
九月十七日）

暴力結婚
「これから私を愛する仕方を教へて上げるよ」

（ニューヨーク・デーリー・ニュース紙（米）一九三七年十二月二日）

GOOD-WILL FLIGHT OVER CHINA—AN ENGLISH VIEW

Low © A.. Countries

爆彈投下の親善飛行

支那上空の爆撃機の中から廣田外相「我々が支那國民に對して感ずるものはただ友誼のみである、我々は戰爭を欲しない、何とかして支那國民に日本の友誼を傳へたい」

（英紙より＝ニューヨーク・タイムス紙（米）轉載 一九三七年八月二十二日）

支那五省を踏み躙る日本

俺の目的は平和だ」

（ニューヨーク・デーリー・ニュース紙（米）
一九三七年十一月四日）

A Man With A Heart As Big As The Orient

日本の「媾和」條件
已に支那の半分
を寄越せ

（ボルチモア・
サン紙（米）
一九三七年
十月三十日）

三、「戰爭」に非ざる戰爭

日本が支那に軍事行動を取り乍ら・之を「事件」又は「事變」と稱し宣戰を布告しなかつたことは非難の的となつた。

Hard to Disguise

胡魔化し難い

日本（軍の神に「宣告なき戰爭」の箝口帶を附け乍ら）

「餘計な危險を犯すのは馬鹿々々しいや……」

（クリスチャン・サイエンス・モニター紙（米）一九三七年八月二十日）

El Drama de Oriente

Por MEZZADRA

—¡Y pensar que todavia el Japón no me ha declarado la guerra!

支那「日本は俺と戰争をして居な
いと云つてるがナー」
（ノチシアス・グラフイカス紙（亞）
一九三七年十一月十日）

"I'm Of A Mind To Declare Formal War On You"

和平提案を拒絶された日本

「オ前に正式に宣戦しようかナー」

（ボルチモア・サン紙（米）
一九三八年一月十二日）

四、事變と列國の權益

上海攻略は支那に於ける列國の最大權益を脅威し、東亞に於ける歐米諸國の威信の絶滅を意味すると警告したものもある。

AN INTERNATIONAL 'SETTLEMENT'

『これで共同租界《セツトルメント》とは！』

租界《セツトルメント》とは英語で『事件の落著』を意味する、此の砲撃を受けては一向セツトルメントでないといふ諷刺

（ブルツクリン・デーリー・イーグル紙（米））

ЯПОНСКИЙ РАЗМАХ

Рис. Гр. Розе.

Янки Джон-Буллю: Не пойму. Япония уговаривает Китай, а у нас черепа трещат!..

英米側杖の段

日本が支那を叱つてゐるのに俺達の頭にぶつかるとはこりや痛い。

（モスコー、クラスナヤ・ズウエズダ紙（ソ）一九三七年十二月十七日）

PING-PONG ORIENTAL

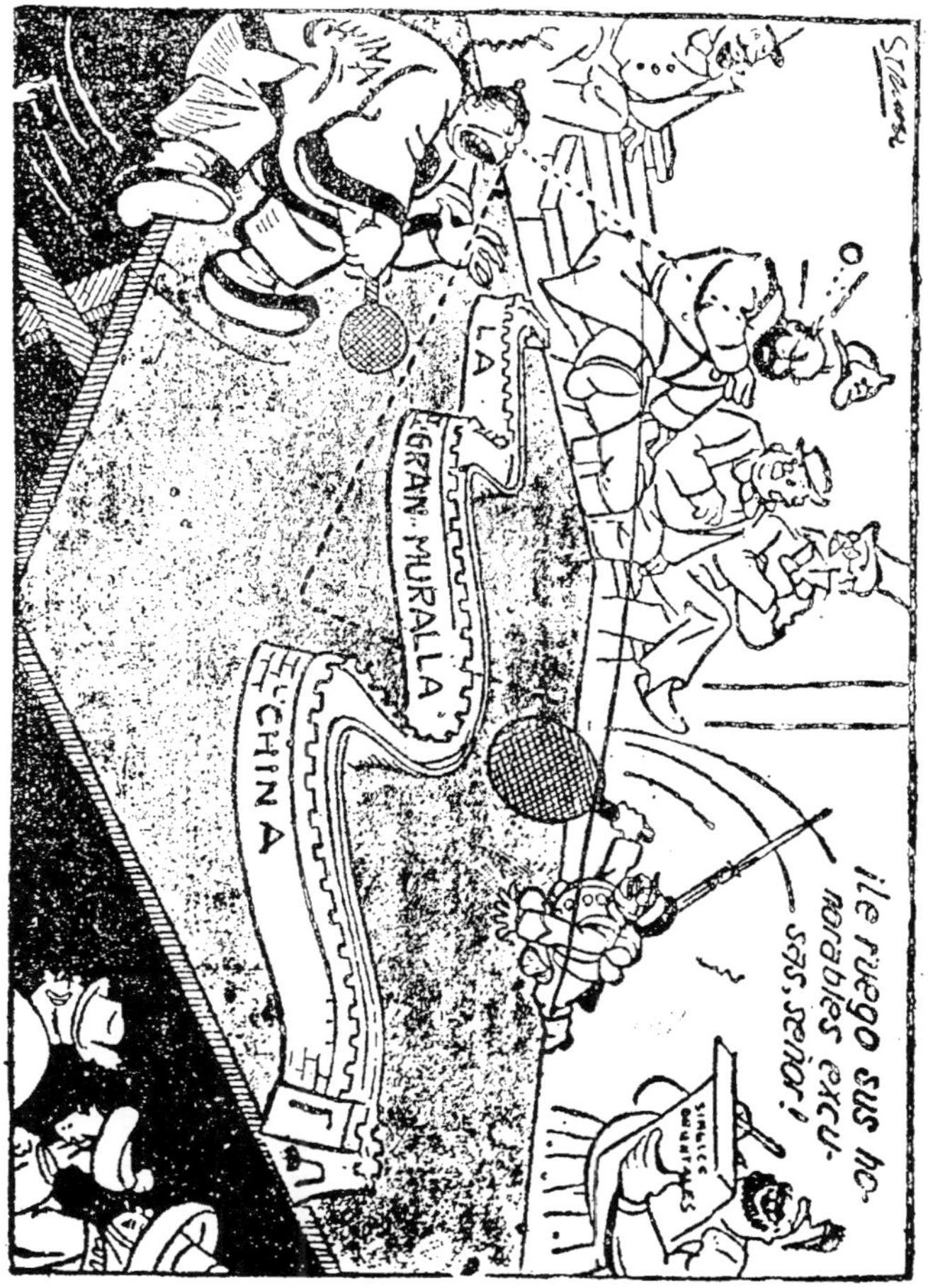
¡le ruego sus honorables excusas, señor!
LA GRAN MURALLA CHINA

La carambola japonesa.

(De "New York Time)

日本のピンポンは八つ當り

（ニューヨーク・タイムスより轉載ラヴァンガルデイア紙（亞）一九三七年八月二十四日）

LAND OF THE SETTING SUN

あゝ夕陽の様に我が（西洋）權益も沈んで行く！

（ニューヨーク・デーリー・ニュース紙（米））

五、支那の門戸開放

米國々務卿ジョン・ヘイが支那の列國の商權保護と稱して一八九九年九月六日、日英露獨佛の五ヶ國に送つた門戸開放に關する覺書——所謂ヘイの宣言が實は支那に最も利害關係の多い英國の利益保護のために米國が躍らされた結果であつたことは今日知らぬ者はない。米國自身それを知つてルーズヴェルト大統領以來英國のために猫の前脚の愚を演ずることを警戒してゐる。——併しそれにも拘らず列國は日本の商權伸張を妨害するのを唯一の目的としてゐるかの樣に支那のことゝなると門戸開放主義を持出す。之を漫畫で見れば……。

The Shanghai Gesture!

上海ゼスチュア
日本「我々は支那に對する列國のいかなる干渉も許容せず」
列國 ……………たゞびつくり
（ニューヨーク、ワールド・テレグラム紙（米）一九三七年十月四日）

China's Open Door Up to Date

現代の門戸開放
（入口は明けてあるが日本の鐵砲で入口はふさがれてゐる）
（サンフランシスコ・クロニクル紙（米）一九三七年十二月一日）

ШИРОКО РАСКРЫТАЯ ДВЕРЬ

Япония готова двери в Китай оставить широко раскрытыми для всех стран. (Из речи г. Хирота)

Рис. **Бор. Ефимова.**

日本の門戸開放

日本曰く（廣田外相の演説より）

「支那の門戸は開放してある」

（イズヴエスチア紙（ソ）1 一九三七年一月二十六日）

— Voyez, Messieurs-Dames, je pratique la politique de la « porte ouverte »

日本「支那の門戸は開放してあります。どうぞこちらへ」
英米「何だい、それは出口ぢやないか。チエツ、門戸開放とは支那から出て行けといふことか！」
英米の醜面を見よ。

（レピユブリツク紙（佛）一九三八年一月三十一日）

六、日本の軍事行動

日本は國際條約や、交戰法規や、列國の抗議に一顧だに與へず。そして唯口先ばかりの陳謝をしては攻略を進めて居る。

PLACED ON FILE!

Copyright, Brooklyn Daily Eagle

列國の抗議を反古にして戰爭
計畫ばかり積み上げる日本
（ブルツクリン、デーリ
ー・イーグル紙（米）
一九三七年九月一日）

Excoose It Please!

亂暴な日本の自動車

國際條約や列國の抗議に八ツ當りして、運轉手は御免なさいと云ふが、此の有樣ではどうも……

(ワシントン、ポスト紙(米)一九三七年二月一日)

СОБЛЮДЕНИЕ ПРИЛИЧИЙ

Рис. **Бор. Ефимова.**

ДЖЕНТЛЬМЕНЫ. — Ну, теперь абсолютно не к чему придраться!...

禮儀を守る日本

「始めから陳謝狀を附けて置けば後で挨拶をするにも及ぶまい……」

（イスヴエスチヤ紙（ソ）　一九三七年十二月十八日）

POLITESSE...

「勘辯」と記して作る爆弾

（パリ、アンフォルマション紙（佛）一九三七年十二月十六日）

DIPLOMACY PROTESTS

De Groene Amsterdammer.
A Dutch view of diplomatic efforts in the Far East.

列國の抗議はたゞ讀上げるだけの話

（オランダ新聞より轉載したニューヨーク・タイムス紙（米）一九三七年十月二十四日）

七、『平和』の虚構

世界の何れの端を見ても戰亂ばかりであるが、訴へる者に耳を籍す人はなく、政府や外交官は「平和」の虚構を守つてすまして居る。

"ROADS UNDER REPAIR—PROCEED AT YOUR OWN RISK"

A British view of the sorry state of the world today.

Strube © Cartoon

八方塞がりに悩む平和の女神
（英紙より転載
ニューヨーク・タイムス紙（米）
一九三七年八月十五日）

THE DOVE OF PEACE

ヴェルサイユ條約も、スペイン不干渉體制も、ダンチヒ自由市保證もみんな死骨となつて——日支の紛争解決の持つて行き場所に惱む平和の女神

（ニューヨーク・ポスト紙（米）一九三七年十一月九日）

Predicando en el Desierto *Por MEZZADRA*

EL DELEGADO CHINO, EN GINEBRA. — Y ustedes comprenderán que mi pais ha sido objeto de una agresión injusta, y asistirán con su concurso a un miembro de la Sociedad de las Naciones

沙漠の說教

ジュネーブに於ける支那代表「諸君は我が支那が侵略の對象になつてゐることを知つて居るであらう。然らば諸君は必ずや聯盟と共に對支援助の手を伸べられる事を信ずる」

…所が理事會の樣子は各國の脫退でガラ空き

（ノチシアス・グラフイカス紙（亞）一九三七年八月三十一日）

That Very Considerate Volcano

あの恐しく考へ深い火山よ

火山は噴火して居ても山頂の外交團は「平和だ」と云つて
濟まし込んで居る

（ヘラルド・トリビユーヌ紙(米)　一九三七年八月二十七日）

八、軍需品輸出と米國の中立法

戰ひ？——　先づ入用のものは軍需品である、日本も要る、支那も要る、それを何處から買ふか？　軍需品の輸入に當つて最も問題となる國は米國である。

米國では昭和十二年五月一日付で中立法が大統領の裁可を得た、支那事變に就ては中立法はまだ發動されてゐないが、米國の中立の精神に鑑み、それがいろ〳〵問題になつてゐる。

A "NO STOP" SIGNAL

日本、ソ聯邦、伊太利向けの軍需品
の賣手引きも切らず
——ハル長官は見て見ぬふり
そして中立法の適用は立往生…
（ニューヨーク・ポスト紙（米）
一九三七年七月二十九日）

THE NEUTRAL

中　立

飛行機、鐵屑大賣出し

――買手は日本と支那

（ニューヨーク・ポスト紙（米）

一九三七年八月十日）

Over the Fence Is Out

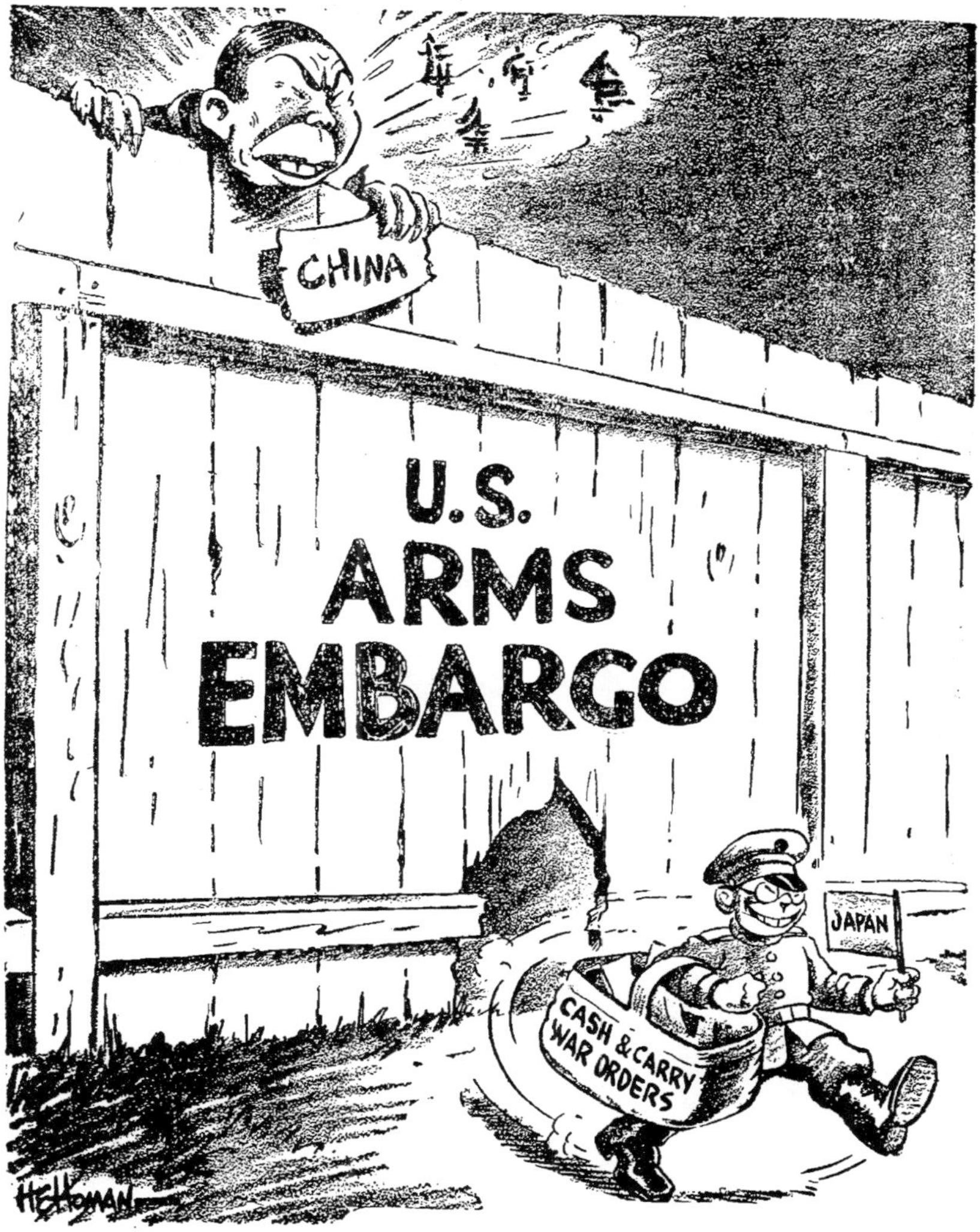

抜け道のある米國軍需品輸出禁止令

大男の支那は智慧がまはらず外にのこされ、小男の日本は「現金持出しの」同法規定をうまく利用してどんどん米國から軍需品を買ひ入れてゐる。

（イラストレーテツド・デーリー・ニユース紙（米）
一九三七年九月二十四日）

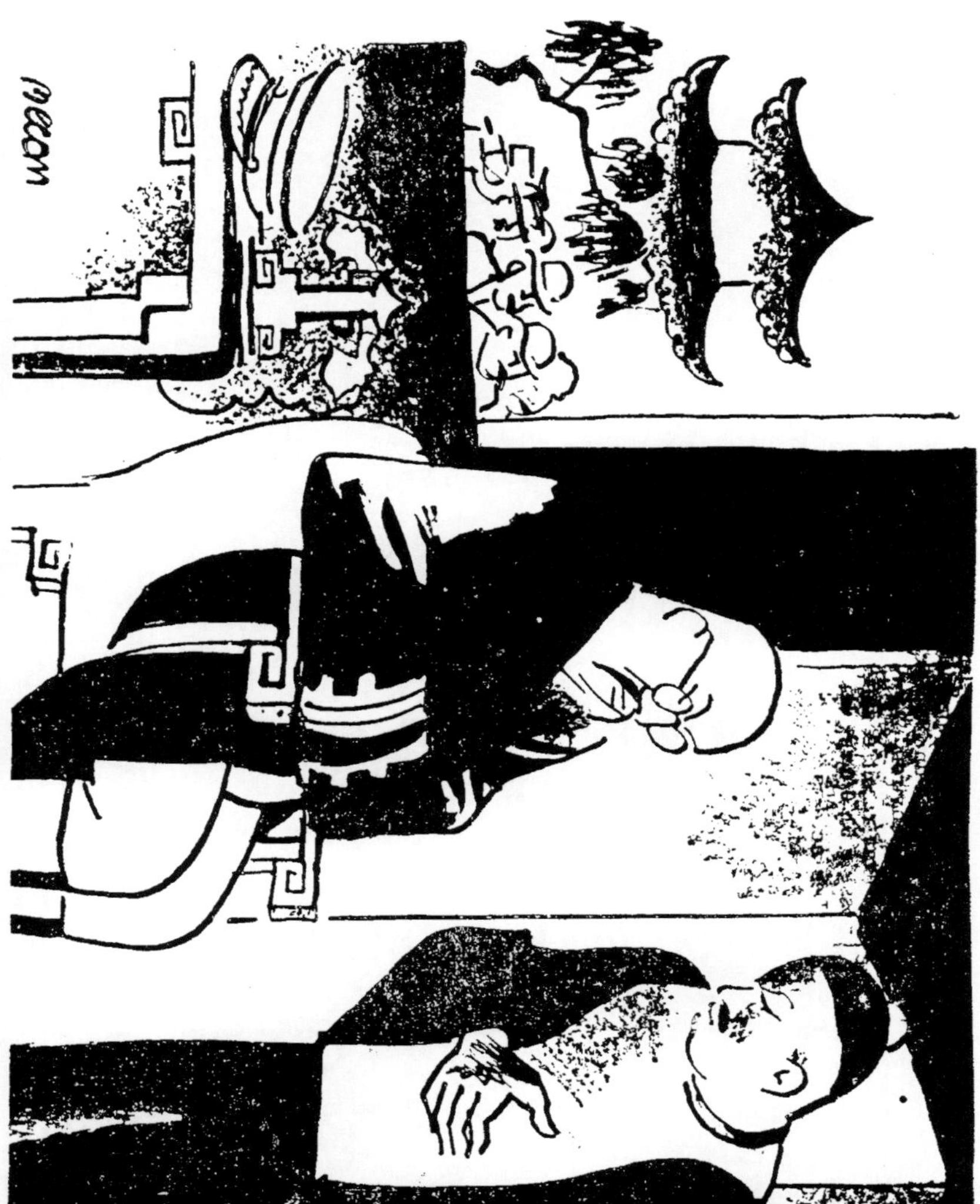

— Excellence, notre jardin et notre antichambre sont envahis.
— Par les Japonais ?
— Non. par les marchands d'armes

支那大官の召使『お庭にも次の間にも進入して來ました。』
主人『日本人がかい。』
召使『いえ／＼軍需工業の商人達でござります。』

（レピユブリツク紙（佛）一九三七年九月一日）

九、ヒューゲッセン大使傷害事件と英國

上海攻撃の最中、南京から上海へ自動車で無斷通行中の英國のヒューゲッセン駐支大使が日本の飛行機から射撃されて負傷した。八月二十六日のこと。一時の騷ぎも結局圓滿解決となつたが、漫畫で見ると英國の態度を全く正反對の二樣に批判して居る—

England Gets Tough

● **LIKE A SNEERING GANGSTER,** ***Japan shot down the British Ambassador to China—a Japanese pilot gunned him from the air. And what does mighty England do? She says: "Naughty, naughty!" And we say: "How the mighty are fallen."***

英國は命を惜しむ卑怯者

日本軍がギヤンスターの様に英國の駐支大使を射つた、其の時大英帝國はどうしたか？　英國は「これこれ、そんないたづらをしては…」と云つた丈だ。大英帝國の面影は何所へ消へ失せたのか？

（デーリー・ミラー紙(英)　一九三七年八月三十一日）

A Tone He Seldom Uses

平生怒らぬブルドッグも遂に吼り出した

（クリスチアン・サンエンス・モニター紙(米)
一九三七年八月三十日）

一〇、米國を利用しようとする英國

英國は支那事變で一番痛い目にあつた。それは英國の在支權益が列國中一番多いからである。併し英國は一國では日本を相手にする氣はない。必ず他人を利用しようとする。その第一の目標は米國である。併し米國では之を見拔かぬではなかつた。支那より米國在留民を引揚げよと主張する者さへあつた。

JOHN BULL:—"'ELP! SAVE 'IM! 'E'S WEARIN' MY BATHIN' SUIT!'"

ジョンブル「助けてやれ、あいつ（支那）は私（英）の水着（権益）を着て居るんだ……」

（ニューヨーク・ポスト紙（米）一九三七年八月二十七日）

"GO AFTER 'IM, SAM; WE'RE BACKIN' YOU!

英國（米國に向つて）
「あいつ（日本）をやつつけてしまへ、俺達は聲援して上げるよ」
（ニューヨーク・ポスト紙（米）
一九三七年十一月五日）

PURRR!

アメリカ紳士に頸をこすりつける英國の「ライオン」
「イタリーに食ひつかれ、日本にひどい目に遭つてゐます、何とかしてよ」

（デーリー・オリンピアン紙（米）一九三七年十一月六日）

Fire! Fire! False Alarm!

● **AMERICA'S "STAKE" IN CHINA** ***is so small that there is absolutely no excuse for us to get mixed up in the "peace" that is raging between China and Japan.***

火事だ、火事だ、支那大火事だ！

——併し行つて見たら…………

アメリカの對在投資は非常に少いから日支間の「平和戰爭にまきこまれる道理はない」

（デーリー・ミラー紙(英)一九三七年八月二十五日）

'Our Flag Was NOT There'

● ***THE BRITISH FLAG has always cast a protective shadow over the interests of British Big Business in foreign countries. Now England wants America to help keep China safe for British trade—no thanks! Uncle Sam should pack up our citizens, our "interests," our sympathies, our flag and MOVE OUT.***

英國の國旗は常に英國の資本家の企業貿易を擁護してゐた。今や英國は米國が英國の貿易の安全のために支那を援助することを望んでゐる。がもう澤山だ。

米國は在支米人の生命及び米國の權益と對支同情と米國の國旗をしまつて引揚げるがいゝ。（デーリー・ミラー紙(英)一九三七年八月十九日）

一一、ルーズヴェルト大統領板挾み

平和の集團保證主義の理想に驅られたウィルソン大統領の爲に歐洲大戰の渦中に投ぜられた米國民は、此の苦い經驗の繰返しを恐れ傳統的孤立的政策の確保を熱望して居たけれども、平和論者、人道論者は支那に於ける軍事行動の爲に大きな衝動を與へられ、中立法の適用將又日本に對する「ボイコット」を要望した。米國政府が此の兩主義の間に板挾みになつた狀況は漫畫によく現はれてゐる。

SPEAK NO WAR, SEE NO WAR, HEAR NO WAR

西班牙戰爭、支那事變
見まい、聞くまい、話すまい
（ハル國務長官、中立法、上院外交委員長ピットマン氏何れも沈默）
（ニューヨーク・ポスト紙（米））
（一九三七年八月三日）

A Word to the Otherwise

ハル長官は八月二十六日平和維持を切望する旨の聲明を發した

ハル長官、破れ窓の内から表の日支に向つて「あぶない遊びは止めたがよい…」

（ボストン・イーヴニング・トランスクリプト紙（米）一九三七年八月二十七日）

"NOTHIN' DOIN', IT'S EITHER KEEP THE FIRE UNDER CONTROL OR GUARANTEE OUR LOSSES!"

米國政府は遂に傳統的孤立政策に準據し日支事變に捲き込まれない爲支那在留米國人に引揚を勸告した……

米政府「お引揚げなさい、居殘るものは自分の責任で…」

上海米國商人「そんなことがあるものか、火を消して呉れ、さもなければ我々の損害を賠償して呉れ」

（ニューヨーク・ポスト紙（米））
（一九三七年九月九日）

BRACING A WEAK BACK

ル大統領のシカゴ演説

十月五日に至りル大統領は翻然日本を非難する大演説を爲し、國際聯盟の態度を公然支持して無力な聯盟に活を入れた。

（ニューヨーク、ポスト紙（米）一九三七年十月七日）

UNCLE MAKES HIS PLAY

米國の態度を闡明し「無法の傳染病患者を隔離せよ」と云つたルーズヴエルトのシカゴ演説に驚いた日獨伊三國

(ニユーヨーク・サン紙(米)
一九三七年十月六日)

Can't Stampede Him

干渉か？　孤立か？

（シアトル・ポスト・インテリジエンサー紙（米）
一九三七年十一月十七日）

AT THE NATIONAL AQUARIUM

In the forms of ichthyology our artist gives us today a quick and easy lesson in international affairs.

We see the greedy big fishes eating up the defenseless LITTLE fishes, or taking large and painful bites out of defenseless BIG ones.

What Mr. Powers labels "the National Aquarium" thus devised as an object lesson for Uncle Sam.

The moral of it is, very clearly:

"Don't be a poor fish, Sam! DON'T be defenseless and DON'T get into foreign troubles."

水族館の教訓

大きな魚（支那）も防備がなければ小さな魚（日本）に嚙みつかれる。アメリカよ、無防備ではいけない、そして外國の紛爭に捲き込まれるな

（ヘラルド・エクスプレス紙（米）一九三七年九月二十三日）

MASS PRODUCTION

大量生産
ルーズヴエルト大統領、日本に公文
の連發
（ニューヨーク・ポスト紙（米）
一九三八年二月八日）

一二、無能、無力を暴露した國際聯盟

エチオピア問題、西班牙問題、日支問題に於て口頭禪のみを唱へ、何等實效を擧げ得なかつた國際聯盟の無力は漫畫家の諷刺の的になつた。

NEW PROCESS SWISS (GENEVA) CHEESE

Switzerland is famous for more than its snowy Alps. World-famous, also, is Swiss cheese—the kind that full of holes.
Hence it is singularly appropriate that Geneva should the headquarters of the feckless League of Nations. Above one can see what has happened to that quixotic mixture of ·mpractical idealism on tne part of a few dreamers and of cuthless politics on the part of hard-headed diplomacy and hard-hearted militarism.

Hatred. intrigue. strife and aggression have shot so many holes into the poor thing that it can scarcely hold together any longe-

スイス乾酪の新式製造法

美味で有名なスイス・チーズには穴がある。スイスに所在する國際聯盟も、エチオピア問題、スペイン問題、支那事變の解決に失敗して穴だらけとなつた。——最早チーズの格好が崩れる程に多くの穴を穿けられた。結局穴のあるスイス・チーズと同じ運命を辿つた。

（ヘラルド・エクスプレス紙（米）
一九三七年九月二十二日）

DANS LES CHANCELLERIES
R Dubosc
— Il me semble qu'on entend du bruit…
— C'est la S.D.N. qui ronfle !

部屋の中の會話
A老人「何だか大砲の音がする樣ぢやありませんか」
B老人「なあに、あれは國際聯盟嬢の鼾ですよ」
（ユマニテ紙（佛）一九三七年九月二十三日）

一三、九國條約會議をめぐつて

支那をめぐる國際條約の中で最も世界の關心を呼んだのは、一九二二年ワシントン軍縮會議と同時に調印された九國條約である。國際聯盟は滿洲事變の解決に失敗し、スペイン問題に手を燒いた苦い經驗に鑑み、事變の處理を九國條約會議に委任した。英國は米國の支持を得て白耳義に九國會議國を招集させた。この會議には九國條約調印國でないソ聯邦も加はることになつた。そして昭和十二年十一月三日からブラッセルに會議は開かれた、けれども日本の參加拒絕やイタリー代表の活躍、日獨伊防共協定成立の發表等で豫期の通り流產し、九國條約の死文なることが立證された。それを世界の漫畫家はどう見たか？

How soon will Japan adopt this convenient form letter?

Will the nine power treaty parley come up to our hopes or down to our expectations?

九國會議

希望してゐる様に成功するか、それとも豫期の如く失敗するか、日本と獨逸は出席を斷り、客の集りが悪い。火事泥を常とするソヴィエト獨りが滿足だ。

（ヘレナ・インデペンデント紙(米)一九三七年十一月九日）

A CHINAMAN'S CHANCE!

九國會議の結果如何にと待つてゐる支那

（ブルツクリン・デーリー・イーグル紙（米）一九三七年十月二十日）

East Is East And East Looks West

東は東といひながら矢張り西からの助けを求めたい顔をしてゐる東（支那）

（ボルチモア・サン紙(米)
一九三七年十月十八日）

Back Where He Belongs

By
Nelson Harding

日本に莫迦な目にあはされ元の古巣へ逃げ込む九國會議

（ニューヨーク・アメリカン紙(米)一九三七年十一月二十六日）

EAST IS WEST— *By Herblock*

東は西

支那「何かしてくれなきや困るぢやないか、早く〳〵」

歐米諸國「もつと冷靜にしたらどうだね、忍耐力は大なる美德だといはれてゐるぢやないか。」

（ヘレナ・インデペンデント紙(米)一九三七年十一月二十九日）

一四、パネー號事件と米國

昭和十二年十二月十二日南京陷落前日の混亂時に、揚子江上で米國のパネー號は擊沈され、英國のレディ・バード號は砲擊された。揚子江上で英米の驚と昂奮！ 殊に米國輿論は沸立つたけれど米國の爲政者は冷靜を保つに努めた。日本の誠意ある態度で兩件とも圓滿解決したが、漫畫家にはいい材料を與へた。

JAPS SINK
U.S. SHIP
"STEADY, OLD MAN! THIS IS NO TIME TO GET EXCITED."

The Restraining Hand.

パネー號撃沈に昂奮する人民の肩を摑んで
「君、今は昂奮する時ぢやありません」

（ワールド・テレグラム紙(米)
一九三七年十二月十四日）

一五、日本の軍部と外交

The “Beg Your Pardon” Department

陳　　　謝　　　部

（ヘラルド・トリビューヌ紙(米)
一九三八年一月三十一日）

Oh. Don't Mention It!

みんなの足を踏んであるく悪戯小僧（陸軍）の手を引いて

父親（外務省）曰く　「どうもすみません」

（ヘラルド・トリビューヌ紙（米）　一九三七年十二月十六日）

"The new army game."

新陸軍遊戯
陸軍は爆弾投下
外務は言譯のビラ
まき

(ニューヨーク・タイムス紙(米)
一九三七年九月二十六日)

一六、日本の財政經濟は支那事變を切りぬけ得るか

支那は大きな大陸國、日本は小さな島國——此の兩國が干戈を交へた場合、小さな日本が果して最後までやつてゆけるかどうか。之に就いて外國の漫畫家はどんな諷刺を用ゐたか?。

But There May Be Some Delay in Landing Him

魚を釣つたが、釣り上げるまでには大分かゝりますよ
日本「つかまへたぞ、ソラ、あんなに逃げてる…」
（ワールド・テレグラム紙（米）一九三七年十一月十一日）

Knox in The Memphis Commercial Appeal

"Bigger than his stomach?"

腹より大きな慾

貧弱な資源しかない

癖に大きな野心

（ニューヨーク・タイムス紙（米）一九三七年十一月二十一日）

British View Of Far East Situation

JAPANESE BALANCING ACT.

あぶない藝當

貧弱な經濟組織、危げな工業と政治の上に軍閥の塔を建て、而かも之に傀儡政權を乘せようとは……

（英紙より轉載
ボルチモア・サン紙（米）
一九三七年十二月十四日）

What a taxi bill! And his trip only begun—

日本曰く「旅行（支那事變）が初まつたばかりなのに、こんなに料金メーター（戰費）が上るとは、こりや驚いた」

（ニューヨーク・タイムス紙（米）一九三七年九月五日）

По сведениям иностранной печати, финансовое поло жение Японии ухул шается с каждым днем.

— Трещит по всем швам!..

Рис. бр. АБРАМОВЫХ

軍需品輸送自動車があんまり重いので橋（日本の財政）がくづれかゝる

（ウエチエルニヤナ・モスクワ紙（ソ）
一九三七年十二月八日）

MORE THAN HE BARGAINED FOR

蚯蚓かと思つたら大蛇とは？

―日本の手に餘る支那―

（ニューヨーク・ポスト紙（米）
一九三七年十一月四日）

一七、支那の背後にあるソヴィエト・ロシア

皇軍の優勢に驚いた支那は、昨年八月二十一日ソ支不侵略條約に調印した。支那の赤化は一歩々々進んでゐる！支那の背後にはソ聯邦がある、ソ支關係から日ソ關係はどう動くか？それを漫畫を通して見ると——

EJE RUSO - CHINO

El nuevo dios de la guerra, según los chinos (Del "Berliner Tageblatt")

ソ支樞軸

新しい軍の神様ロシヤに叩頭する支那大人連
（ベルリーナー・ターゲブラット紙より轉載
ラ・ラソン紙（亜） 一九三七年十月三日）

"Hey, He's B-----!"

Copyright Ledger Syndicate

支那が日本にやられて居るのを好機とし、ソ聯邦は支那に對し不侵略條約に署名させて居る

(ボストン・イブニング・トランスクリプト紙(米)一九三七年九月三日)

Fe, Fi, Fo, Fum!—He Smells The Blood Of A Chinaman

巨人（ロシア）「何だか大分支那人の血のにほひがするぞ」

（ボルチモア・サン紙（米）一九三七年九月二十九日）

Hunting's Really Getting Good

—From *The Chicago Daily News*

あまり龍狩に夢中になると背から熊 ロシア)が出るぞ

(ヘラルド・トリビューン紙(米)一九三七年八月七日)

Harvest Interruption
RUSSIA
JAPAN
CHINESE AFFAIRS
Copyright Ledger Syndicate

収穫の晩にあらはれた怪物（ソ聯邦）

（ボストン・イヴニング・トランスクリプト紙（米）一九三七年十月一日）

WILL THIS BE THE NEXT CHAMPIONSHIP FIGHT?

Strube © Cartoon

In this English cartoon the referee introduces "the contender for the heavyweight title."

レフエリー曰く

「次はチビの重量選手をロシアと仕合させませうか」

(ニユーヨーク・タイムス紙(米)一九三七年十一月二十八日)

EN PLENA LABOR
ESPAÑA
CHINA
PETROLEO
Y después de China?　　(Del "Guerin Meschino", Milan)

大働き

「今度は支那にしようか……」

（伊紙より轉載
ラ・ラッソン紙（亞）一九三七年九月十四日）

一八、東西の攪亂に魔手を伸ばす赤露の暗躍

Dropping A Bomb To The West

支那事變の煙を背にしてイタリーに火のついた爆弾を投げつける者はソ聯邦だ（地中海問題にソ聯邦の反伊態度を指す）

（ボルチモア・サン紙(米)一九三七年九月八日）

一九、日英、日米離間策

日英、日米の間を離し、引いては日獨伊と所謂「デモクラシィー」國の離間を謀るものがあつた事は、想像に苦しからぬ所――此の漫畫は其の現れである。

SOME DAY THEY'RE GOING TO GET MAD -:- By Rodger

英米も何時か勘忍袋の緒が切れるだらう、日本があんまりやると

(サンフランシスコ・ニユース(米)一九三七年十二月十四日)

LE SOMMEIL AGITÉ DE JOHN BULL

「ジョン・ブル」の晝寝を邪魔
（レピュブリック紙（佛）一九三七年十月三日）

«... В хвост и в гриву».
Рисунок художников **Кукрыниксы.**

日獨伊三人がかりで英國獅子の
尾を捻取つたり鬣を切つたり

（プラウダ紙（ソ）
一九三六年一月十日）

THE WORLD BOOT

THE BOOT WILL COME DOWN IF HE CONTINUES WEAKENING THE SUPPORT.

土臺を掘り崩せば踏みつぶされる……

（モトリオル・デーリー・スター紙(加)一九三八年二月十日）

二〇、三國防共協定に對するデモクラシー諸國の觀方

東亞問題と歐洲問題とは、國際政局の動きから見て互に密接な關係がある。東に動けば西にも影響があり、西の動きは直に東亞の情勢變化に作用する。防共協定にイタリーが參加して東京―ローマ―ベルリン樞軸にまで擴がつたのは昭和十二年十一月六日のこと。

三國の提携は「全體主義國家群」の同盟だとデモクラシー諸國は種々惡口をいふ。それを漫畫にして――

危い輕業

三人曲藝に日本を肩に載せてゐるヒットラー
ムッソリーニに向つて曰く
「おい、今度はもう片手を日本に差し出したら
どうだい」
これは片手でつかまつてゐるイタリーにとつて
危い藝當だ

（ポピュレール紙（佛）より轉載
ザルベジヨム誌（ソ））

日本風の彈丸曲藝に興ずる獨逸と伊太利
（プチ、ブル紙（佛）一九三七年十一月九日）

The Three Musketeers

現代三銃士（日・獨・伊）

互に我が爲

（イラストレーテッド・デーリー・ニュース紙（米）一九三七年九月十四日）

Columbus Day, 1937

Editor Speaking

"STANDING ROOM ONLY" ***signs have been posted in the land-hungry nations of Germany, Italy and Japan — "we must expand or explode." Will a century of conquest follow these modern explorers, as conquest followed Columbus?***

陸のコロンバス日・獨・伊何處迄行つても空地はない……

（デーリー・ミラー紙(英)　一九三七年十月十二日）

L'axe ROME-BERLIN-TOKIO...

...ou le péril noir, brun et jaune !

佛國共産主義紙は東京、ローマ、ベルリン樞軸を斯く見て居る

「世界に襲ひかゝるのは　黒禍か　褐禍か　黄禍か」

（ユマニテ紙（佛）一九三八年一月六日）

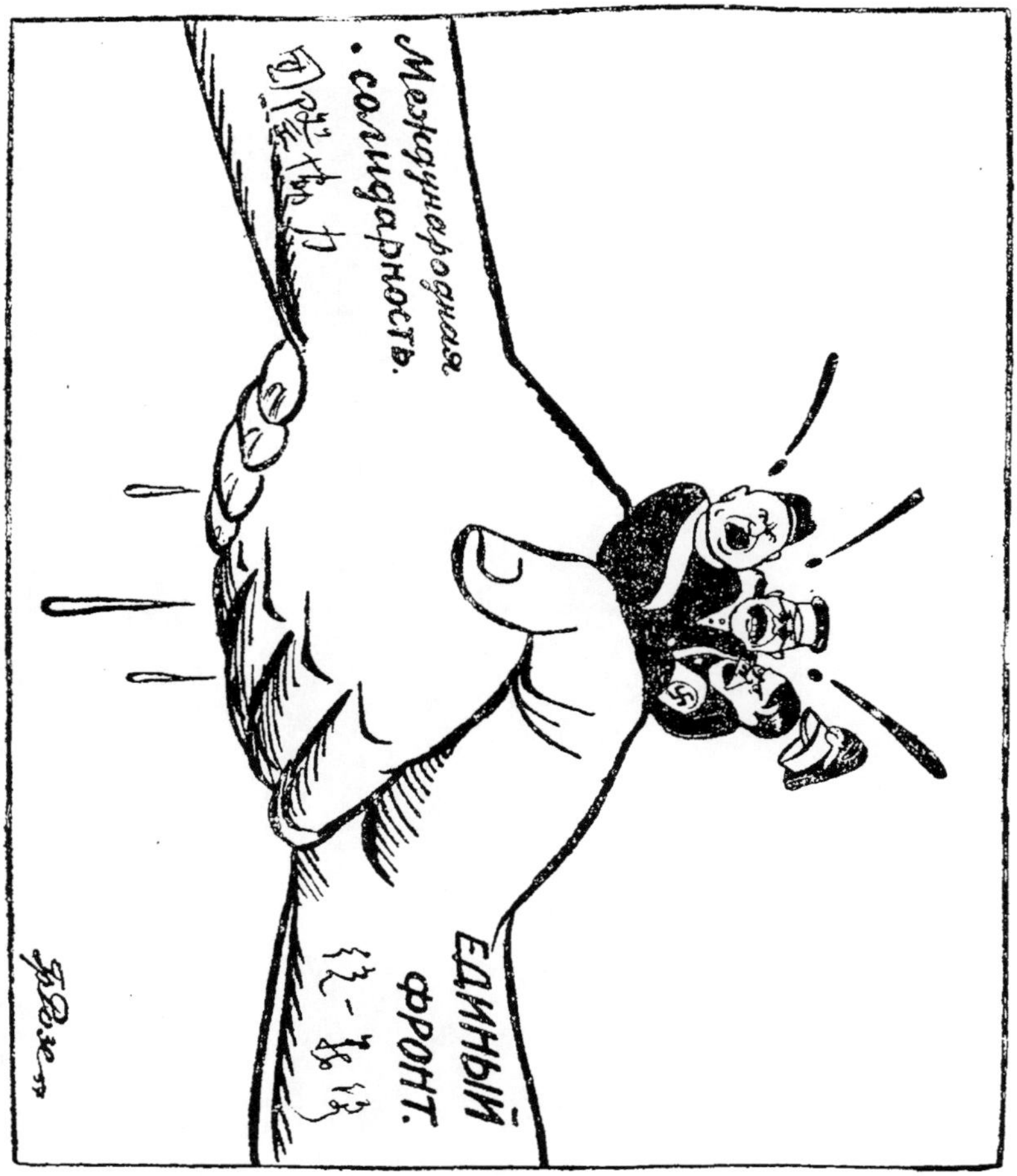

Рис. Гр. Розе.

蘇聯紙はこんな希望を述べるのも當然であらう
「國際協力と人民戰線の握手で日獨伊を締めつぶせ」
（クラスナヤ・ズヴエズダ紙（ソ）一九三七年十一月七日）

二、空爆に對する非難の聲

空爆に神經を尖す歐米諸國は、聯盟に於て「無防備都市」の空爆を非難したり、新聞紙に熾に我が空軍を攻撃したり日本をまるで犯罪者扱ひにした。

Yellow Man's Burden

世界文明國の非難を背負ふ日本

（クリスチヤン・サイエンス・モニター紙(米)
一九三七年九月二十五日）

PILLORIED

JAPAN. "Do they seriously think this is going to stop me?" (Published by Special Arrangement with Punch.)

野蕃行爲犯罪者

日本「こんな事で俺は止めると思つてるのか」

(パンチ誌(英)より轉載　デイリー・スター紙(加)
一九三七年十月二十三日)

二二、支那勝利の報を迎へて

支那機の臺灣襲擊、臺兒莊の戰の報道は何れも痛快がられ漫畫の題材となつた。

A LITTLE DOSE OF HIS OWN MEDICINE

自分の盛つた藥を甜めさせられて

（ブルックリン・デーリー・イーグル紙（米）一九三八年二月二十日）

A REBOUND IN THE SINO-JAPANESE GYMNASIUM

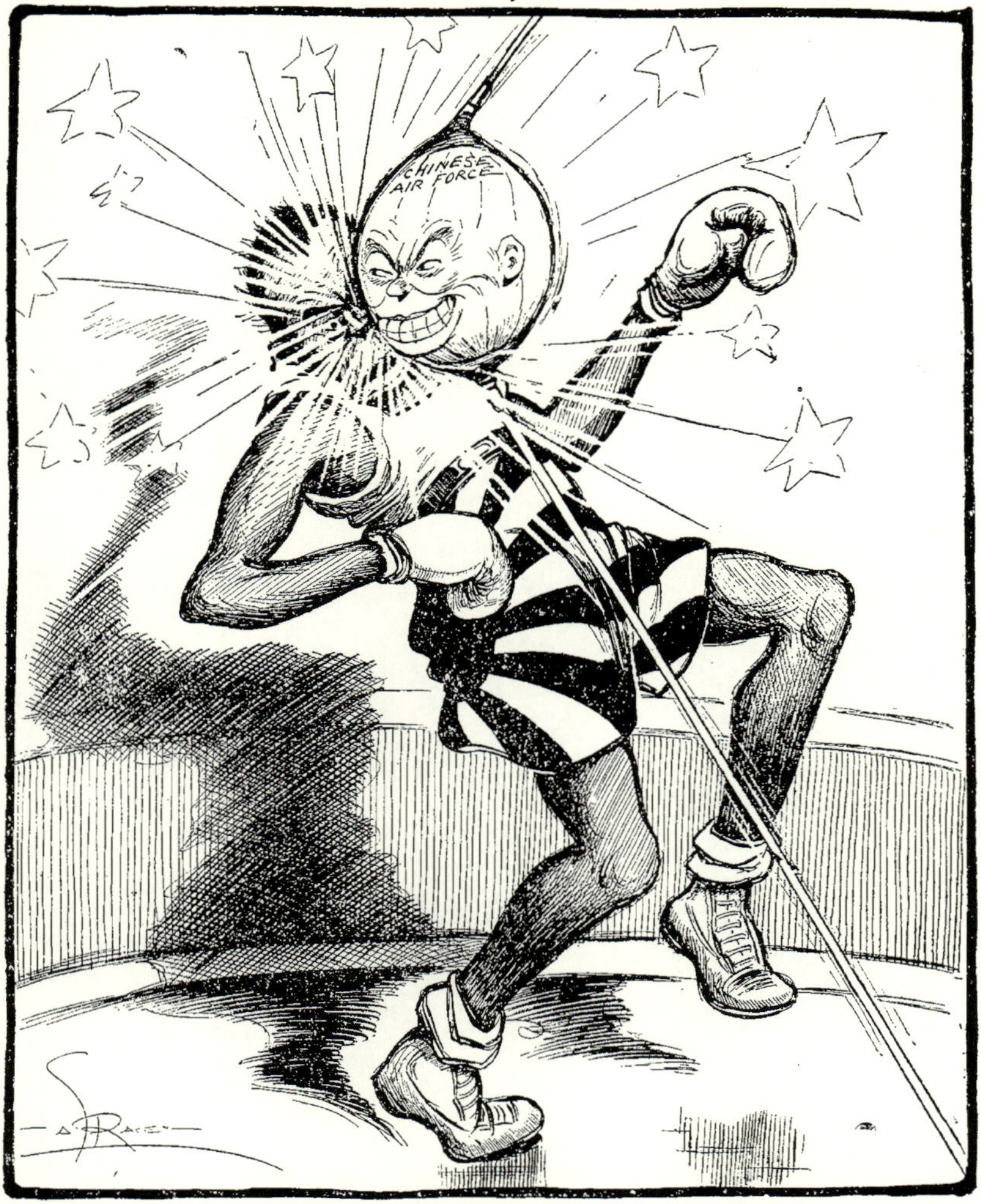

"BOMBER" NIPPON—(as punching bag rebounds):—Ouch! How dare punching bag return with so sudden swiftness. Must demand instant apology!

"Chinese bombing planes dropped bombs for the first time on Japanese territory last week in reprisal, leaving the attacked population aghast."

臺 北 襲 撃

拳闘家ニツポン「パンチンボールはそんなに勢よく撥ね返つ
チヤいかん……こりや、あやまれ……」

（モントリオール・デーリー・スター紙（加） 一九三八年二月十八日）

No Way to Treat an Invader.

"YOU CAN'T DO THAT TO ME!
I'M SUPPOSED TO BE WINNING!"
JAPAN
CHINA
ROLLIN KIRBY

無禮な被侵略者

日本「オイ〳〵そんなことをしてはいかん、俺が勝つてる筈だのに……」

（ワールド、テレグラム紙（米）一九三八年四月十八日）

A SURPRISE FOR THE VISITING TEAM
CHINESE VICTORIES
JAPAN
RUTHLESS INVASION
DOC RANKIN
Copyright, Brooklyn Daily Eagle

遠征チームの豫期が外れた
（ブルックリン・デーリー・イーグル紙（米）
一九三八年四月二十日）

ALWAYS LICKED BUT NEVER CONQUERED

支那は常に負けるが征服はされない

（モントリオール・ガゼット紙（加）一九三八年四月九日）

二三、日本に對する制裁

日本の行動を非難する者は多いが、サテ制裁を加へることとなると仲々動く者はない。日本との紛爭を生じないで日本を苦める方法はあるまいか？漫畫は此の希望を反映して居る。

THE INNOCENT BYSTANDER!

對日絹靴下ボイコット
日本には大して苦しくなく米國の勞働者が被害を受ける
（ブルックリン・デーリー・イーグル紙（米）一九三八年二月一日）

This Would Sting

Editor Speaking

JAPAN
1940 OLYMPICS
HEY MA, WHY WON'T THEY PLAY WITH ME?
ENGLAND
FRANCE
UNITED STATES
DENMA

IF THE WORLD'S ATHLETES BOYCOTTED ***the Japanese Olympics, and announced their intentions to do so now, that would hit Japan where it would hurt most—it would start the young man of Japan to wondering: "What's wrong with us . . . ?" Japanese generals must hold the confidence of Young Japan.***

之は痛いだらう……世界の青年がオリンピック参加を拒絶したら一番痛い所を突くだらう、そして日本の青年は「何故だらう」と反省する様にならう（デーリー・ミラー紙（英）一九三八年二月十八日）

Home, Sweet Home!

ホーム・スヰートホーム

滿洲國から投資を勸められても、方々で痛い目にあつた米國資本は一寸躊躇してゐる。

（サンフランシスコ・クロニクル紙（米）一九三七年七月二十四日）

二四、建艦競争

The Starter's Flag

建艦競争スタートの旗は日本が振る

(ワールド・テレグラム紙(米) 一九三八年二月十八日)

Portentous Phenomenon

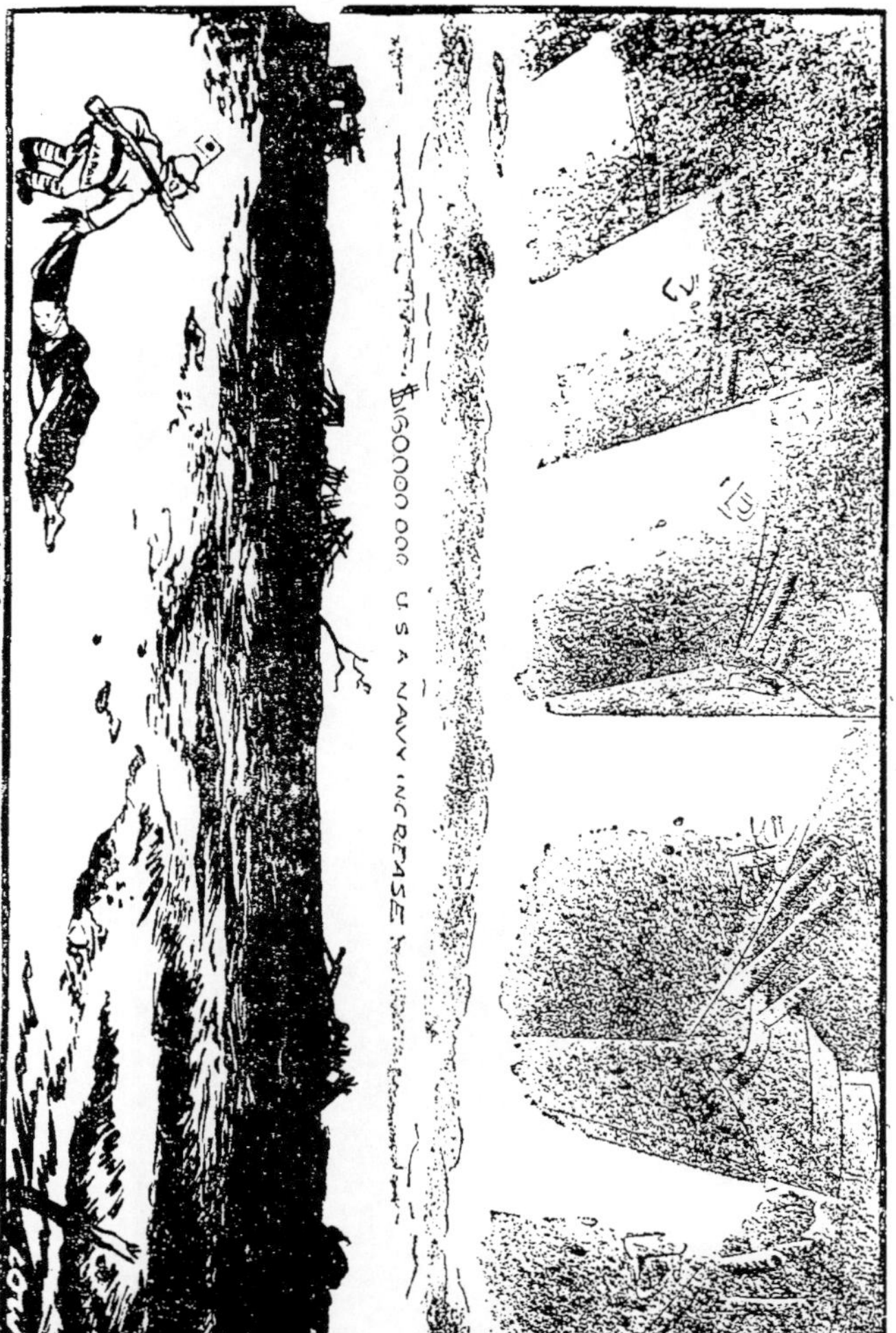

$160000 000 U S A NAVY INCREASE

AURORA AMERICANSIS

—Low. Copyright, International Press.

不吉なオーロラ

（英紙より轉載
ボルチモア・サン紙（米）
一九三八年二月十二日）

二五、日本の擧國一致

GEISHAS, CALOR Y GUERRA

Por KANTOR

TOKIO, — Las "geishas" del Japón han ideado un sistema en que aprovechan la ola de calor de estos días para reunir fondos para la guerra. Cada vez que un cliente de un restaurante o de una casa de "geishas" se queja por el calor, las jóvenes le aplican una multa de un yen, a beneficio de los soldados que sufren calor más intenso en el Norte de China. (De los diarios).

日本では料理屋でお客が暑いといふと、藝者が一圓罪金をとつて、それを國防獻金にする。支那で戰つて居る軍人に比ぶれば東京の暑さは何でもないといふ、これは大した擧國一致だ。

（エル・デイアルト紙(亞)　一九七三年八月十日）

二六、時局ノ進展三題

"Governments While You Wait,"

「オ誂の新政府………」

（マンチエスター・ガーデアン紙（英） 一九三八年一月二十六日）

General Yellow River takes a hand.

「黄河将軍が出て来た……」
(デーリー・ヘラルド紙(英)
一九三八年六月十五日)

THE ANNOUNCER—"I regret the short delay in my Far East fight commentary which is due to another 'incident' following an argument between the Battling Jap and Sid Sickle, an important Russian spectator in the ringside seats."

張鼓峰事件

アナウンサー(軍神)「日本と觀客の鎌の八公と口論が起り新しい事件が發生しました爲東亞拳闘試合のアナウンスの續きは一寸待つて頂きます……」

解題『情報宣伝研究資料　第七輯　㊙外国新聞に現はれたる支那事変漫画』

白戸健一郎

本書『㊙外国新聞に現はれたる支那事変漫画』は、盧溝橋事件勃発以後の一年間、外務省が欧米を中心とした外国新聞の漫画を収集・分類して編纂したものである。本書が収録されている内閣情報部『情報宣伝研究資料』の全体像については、同シリーズの『欧州各国に於ける国家革新運動』の佐藤卓己解題を参照されたい。非売品の頒布資料である『情報宣伝研究資料』の中でも、本書は「秘」扱資料であったため、閲覧できる人物はかなり限定されていた。

本書のように外国の風刺漫画を収集・編纂したもので、一般人でも読むことができたものにタイムス出版社『国際パンフレット通信』がある。『国際パンフレット通信』は、一九二八年から一九四〇年まで毎年の元旦号にて「世界漫画大事記」（一九三五年からは「一九三四年の回顧 国際問題漫画史」、一九三八年からは「漫画から観た一九三七年の世界」と改題されるものの内容や形式は変わらない）として過去一年間に外国新聞に掲載された国際時事問題に関する風刺漫画を通して前年を振り返るという企画を行なっていた【図1・2】。『国際パンフレット通信』のこの企画が、「異常なセンセーション」（一九二九年一月一日号）を引き起こし、一三年継続したことからも、当時の風刺漫画がもった重要性を推し量ることができる。また、

図 1　『国際パンフレット通信』864・865 号表紙

一九三八、三九年の当該企画には、本書に掲載された漫画と同じ漫画が、翻訳タイトルは異なっているものの四本掲載されている。「「勘弁」と記して作る爆弾」（五〇頁）、「八方塞がりに悩む平和の女神」（五五頁）、「東は西」（八九頁）、「レフェリー曰く「次はチビの重量選手をロシアと仕合させませうか」」（一二四頁）である。

図2　『国際パンフレット通信』864・865号扉

『国際パンフレット通信』を発刊していたタイムス出版社は、一八九八年に発刊された英字新聞Japan Timesの通信部が自立したものであり、Japan Timesとの関係はきわめて深い。また、一九三三年から一九三九年には外務省情報部出身の芦田均がJapan Timesの社長を務めており、『国際パンフレット通信』と外務省との関係も密接であったはずである。そのため、本書と『国際パンフレット通信』は、関心や素材を一定程度共有していたと推測できる。

『国際パンフレット通信』は海外諸国の政治、経済、産業、科学、思想、文芸などの多方面の事情に関する文章を日本語に翻訳または解説する、月六回発行の出版物であった。海外事情の紹介のため、一冊で一テーマを取り上げており、必ずしも本書のような「外国新聞に現れた対日イメージ」を中心に調査するためのものではない。「世界漫画大事記」の企画も対日イメージを分析するものではなく、あくまで漫画で一年間の国際時事問題を振り返ることにあった。そのため、例えば、『国際パンフレット通信』一九三二年一月一日号の「一九三一年度世界漫画大事記」【図3】における外国紙の掲載総数が一二七の内、アメリカ三七回、ドイツ二四回、イギリス二二回、ソ連一三回、フランス六回、イタリア六回、スペイン二回、オランダ、スイス、デンマーク、中国、アイルランド、ポーランドはそれぞれ一回、不明なものは二回と、採用数は欧米、特にアメリカを中心としつつも比較的バランスが取れていた一方で、本書は収録数一〇三枚の内、七三枚がアメリカ新聞から採録し、以下イギリス・フランス・ソ連の七枚、アルゼンチンの六枚、カナダ三枚とアメリカにかなり傾斜していた。ここからは日中戦争においてアメリカの対日観と動向を重視していた内閣情報部や外務省の姿勢が明確に見て取れる。

図３　『国際パンフレット通信』463・464号表紙

　さらに、本書収録の漫画からは欧米各国の日中戦争期における日本イメージの一端が窺える。これは欧米各国が日中戦争をいかに捉えていたかという点にとどまらない。本書で度々登場する「メガネをかけた出歯の日本人」や「発言とは真逆の行動をとる日本人」という表象は日本人表象の典型例であった。『国際パンフレット通信』においても、「踊る人形」(「一九三三年度 漫画回顧 世界漫画大事記」『国際パンフレット通信』

五五六・五五七号、一九三三年一月一日）【図4】や「カーテンの表と裏」（『一九三五年の回顧 国際問題漫画史』『国際パンフレット通信』八六四・八六五号、一九三六年一月一日）【図5】などに見られるように、このような日本人イメージは多用されていた。また、「支那の葉を蝕む日本の兜虫」「腹より大きい欲」のように日本人を昆虫や動物のような人間以下の存在として描くことは、同じ敵対国でもドイツ人表象にはありえない人種偏見に根ざしたものであった。このような表象の浸透が残虐行為への心理的負担を軽くしたことについては、ジョン・W・ダワー『容赦なき戦争——太平洋戦争における人種差別』平凡社、二〇〇一年（旧版『人種偏見——太平洋戦争にみる日米摩擦の底流』TBSブリタニカ、一九八七年）が指摘している。

躍る人形
人形帝國「滿洲」を、彼方から日本が躍らしてゐる。これは公然の秘密だ。その反對側ではロシアが疑ひ深さうな顔をしてゐる。
米國——バルチモア・サン紙

図4 「踊る人形」（『国際パンフレット通信』556・557号より）

日本の遣り口。二筋道。
カーテンの表と裏
表
「わが日本の目的は、世界平和と軍備縮少にあり……」オホン。
裏
武力なき支那大人を踏んだり蹴つたり、散々。
"Our sole aim is Peace and Reduced Armaments" JAPAN
JAPAN
グラスコヴ——ブレテイン紙
外國人の眼は、日本の行動を、しばしばかくの如く見てゐる。この種の漫畫の續出する所以だ。

図5 「カーテンの表と裏」（『国際パンフレット通信』864・865号より）

風刺漫画がもつ影響力については、美術史家のE・H・ゴンブリッチが次のように述べている。

> 風刺漫画家は「政治の世界を相貌化することによってこれを神話化すること」ができるわけです。神話的なものを現実のものと結び合わせることによって彼は感情に走る人にとって実に説得力のあるあの融合、あの合成物を創り出すのです。……風刺漫画家は、その芸術的手腕がいかにつまらぬものであろうと、そうした憎悪のキャンペーンでは扇動政治家やコラムニストより強い印象を与える傾向があります。……風刺漫画家の兵器庫はつねにわたしたちの心の動きの中で機能します。当惑したり、欲求不満になったりすると、私たちはみんな、人間存在の現実を無視し、非人格的な力の観点から世界を見るようなプリミティブな相貌化された事象の絵をたよりがちになります。（E・H・ゴンブリッチ「風刺漫画家の兵器庫」『棒馬考――イメージの読解』勁草書房、一九八八年、三〇〇―三〇二頁）

「善悪」や「美醜」のシンボルを加えて政治的対象を描き上げる風刺漫画家は、「世論」形成へ重要な役割を果たした。他方、思想家のサム・キーンは、「敵」のイメージ形成と向き合うことの意義について次のように述べる。

> われわれが作り上げる敵の非人間化されたイメージを凝視する時、また、戦争の習慣がどれほど人類に深く根を下ろしているかを認める時、絶望することはたやすい。しかし、希望のない結末を思い描くのは危険な過ちであろう。敵の原型的イメージの毒々しさと頑固さは、奇妙なことに、希望があることを示す隠れた証拠である。まさしくわれわれが生来のサディストでないがゆえに、しきりに敵の品位を下げて視

覚化している。いずれにせよ、自分と同じ種族を殺さないという自然の性向をわれわれはもっているので、本能的な同情心を克服し敵を殺せるようになる前に、敵を自分たちとは似ても似つかぬおぞましきものにしなくてはならない。「敵対人」（ホモ・ホスティリクス）は、メディアと制度によって作り上げられなければならない。（サム・キーン『敵の顔――憎悪と戦争の心理学』柏書房、一九九四年、一九七頁）

「敵」はメディアと制度によって作られるのである。だからこそ、「敵」のイメージを凝視し、それを相対化する必要がある。そもそも人間は、憎悪を作り上げる社会的制度なしには、人を容易に殺せない。ただ、高度情報社会において、「善悪」や「美醜」、「われわれとやつら」などのシンボルやステレオタイプを通しての「こちら側とあちら側」の線引きは、不可避的に生じる現象でもある。だからこそ、単純な二元論に陥らず、「こちら側とあちら側」の境界線に安住することのない知的営みを進めていくためにも、「敵」を作り上げる形成過程とその原型を解きほぐす作業が必要になるのである。

　視聴覚メディアとしてテレビが依然として重要な位置を占めているだけでなく、YouTubeやInstagram、Twitterによる写真や動画の拡散が日常のものとなり、都市のさまざまな場においてスクリーンが偏在している現代メディア社会において、風刺漫画という視覚出版メディアが備えていた影響力を推し量ることは難しい。だが、ムハンマド風刺画事件やシャルリー・エブド事件のようなセンセーショナルな事件や小林よしのり『戦争論』（幻冬舎、一九九五年）や山野車輪『嫌韓流』（晋遊舎、二〇〇五年）などの存在を考えれば、やはり、現代においても漫画がもつ政治的影響力が衰えたと考えることは容易にはできないはずである。『戦争論』では、「勇敢で凛々しい日本兵」と「卑怯な中国の便衣兵」や「残忍な米兵」、『嫌韓流』では、「理性的で論理的な日本人」と「感情的で非論理的な韓国人」などのわかりやすく対比的な描き方が相も変わらずなされている。このような漫画がいかなる「効果」をもったかは、また別の研究課題であるが、少なくとも、インターネットやスマートフォンなど多様なメディアが現れた情報環境において、漫画という視覚出版メディアの影響力や敵意の形成過程を見定めることには、大きな意義があるといえよう。

なお、本書と同時代の漫画を編纂したものとしては、ドイツの風刺漫画を再録した中西健三翻編『独逸国防漫画傑作集』（新紀元社、一九四一年）がある。また、一九三八年二月九日から二六日まで内閣情報部が開催した思想戦展覧会では、中国における排日運動のポスターや漫画、スローガンが一つのブースにまとめられている。図画を通した世論喚起は展覧会のような形式でもなされていた。

本書と同時期にあたる日中戦争期以降の中国側の漫画家の活動を明らかにした先行研究として、瀧下彩子「抗日漫画宣伝活動と『国家総動員画報』の作家達——醸成される抗日イメージ」（平野健一郎編『日中戦争期の中国における社会・文化変容』東洋文庫、二〇〇七年）がある。瀧下が主な研究対象としている『国家総動員画報』とは、一九三七年一二月一〇日創刊されたタブロイド判の漫画逐次刊行物である（停刊時期は不明）【図6・7・8】。瀧下は『国家総動員画報』で展開された「抗日イメージ」が後の「抗日イメージ」にも継続していることを示唆している。そうであるならば、現代における中国が抱く「日本人イメージ」の形成過程を分析することは、隣国との無用な摩擦回避の一助になるのではないか。他に中国側の同時代の風刺漫画である『救亡漫画』と『抗戦漫画』を編纂したものに、沈建中『抗戦漫画』（北京：中国社会科学出版社、二〇〇五年）がある。『国家総動員画報』や『抗戦漫画』は、本書や『国際パンフレット通信』では拾いきれなかった中国側の「日本人イメージ」を考察する上で、貴重な資料となるであろう。

また、近年の新聞の風刺漫画と風刺漫画研究については、茨木正治『メディアのなかの漫画——新聞一コマ画の世界』（臨川書店、二〇〇七年）が、風刺漫画研究の理論と実践において有用である。

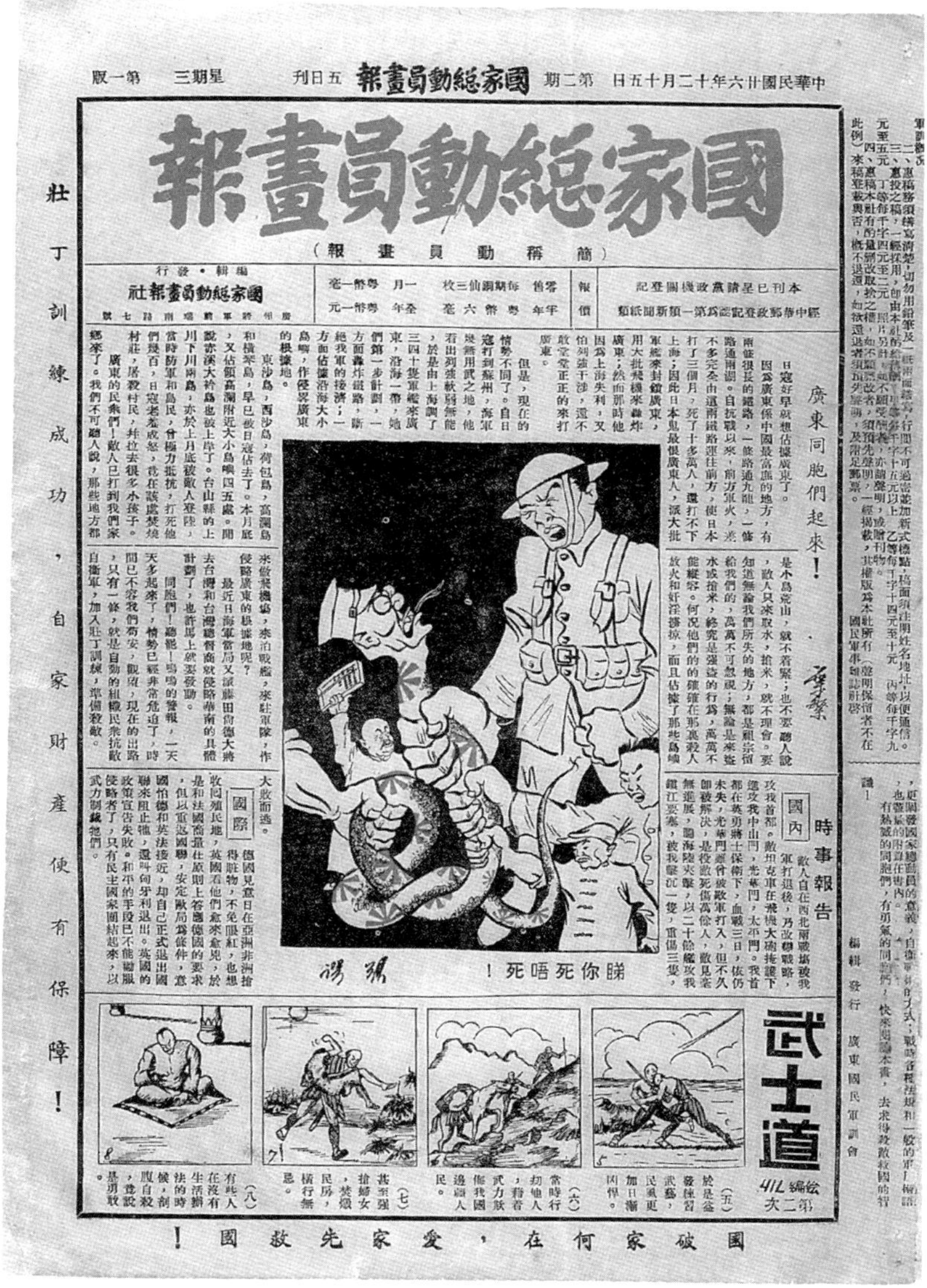

図6 『国会総動員画報』表紙（民国26年＝1937年12月25日号）

中華民國廿七年二月一日　第十四期　國家總動員畫報　三日刊　星期二　第一版

國家總動員畫報

簡稱動員畫報

報價　零售每份銅仙四枚　本埠一月 粵幣壹毫半　外埠一月 粵幣貳毫　郵費在內

主編 脅少飛

發行 國家總動員畫報社

充實自衛力量，鞏固國家基礎！

舊歷的元旦

韓復榘之死與津浦線勝利

抗戰第二階段的第一件喜事！

粵桂經濟的聯絡

山東我軍反攻勝利

我空軍轟炸敵軍團

廣東國民軍訓會

軍事科學化，國民軍事化！

図7　『国家総動員画報』表紙（民国27年＝1938年2月1日号）

中華民國廿七年四月廿七日　國家總動員畫報　星期三　第一版

國家總動員畫報

簡稱動員畫報

第三十九期　三日刊　報價零售每份國幣二分

從抗戰中求國家的獨立自由！

硬話

侵略陣線在動搖

朝着最危險的道路急進

擁護領袖抗戰到底

時事報告

爭取魯南大會戰的勝利

津浦線南段戰局近況圖

被我三面包圍至十餘日之久的敵軍陣地！

出版　廣東國民軍訓會

出版　廣東國民軍訓會

出版　廣東國民軍訓會

軍力生　新姿態

軍隊民衆化，民衆軍隊化！

図8　『国家総動員画報』表紙（民国27年＝1938年4月27日号）

解題執筆……………………………………………

白戸健一郎（しらと・けんいちろう）

1981年北海道生まれ。京都大学大学院教育学研究科博士後期課程修了。博士（教育学）。日本学術振興会特別研究員を経て、現在、筑波大学人文社会系助教。メディア史、歴史社会学専攻。「満洲電信電話株式会社の多言語放送政策」『マス・コミュニケーション研究』（82号、2013年1月）で日本マス・コミュニケーション学会優秀論文賞受賞。著書に『満洲電信電話株式会社――そのメディア史的研究』（創元社、2016年）、『増補改訂版 戦争・ラジオ・記憶』（共著、勉誠出版、2015年）、『青年と雑誌の黄金時代』（共著、岩波書店、2015年）、『「知覧」の誕生』（共著、柏書房、2015年）などがある。

[秘]《まるひ》外国新聞《がいこくしんぶん》に現《あら》はれたる支那事変漫画《しなじへんまんが》

〈リプリント版《ばん》〉内閣情報《ないかくじょうほう》部《ぶ》・情報宣伝研究《じょうほうせんでんけんきゅう》資料《しりょう》第七輯《だいななしゅう》

2017年10月20日　第1版第1刷　発行

解　題……………………………………………………　白戸健一郎

発行者……………………………………………………　矢部敬一

発行所……………………………………………………　株式会社 創元社

http://www.sogensha.co.jp/

本社　〒541-0047 大阪市中央区淡路町4-3-6

Tel.06-6231-9010　Fax.06-6233-3111

東京支店　〒162-0825 東京都新宿区神楽坂4-3 煉瓦塔ビル

Tel.03-3269-1051

印刷所……………………………………………………　大日本印刷株式会社

ISBN978-4-422-93376-4 C3322

創元学術アルヒーフ

欧州各国に於ける国家革新運動

【リプリント版】内閣情報部・情報宣伝研究資料第十輯

佐藤卓己［解題］

本書は、１９３６年にドイツで出版されたヴェルナー・ハースの著書〈Europa will leben〉を内閣情報部が防共上の資料として翻訳頒布したもの。独伊のファシズムは勿論、戦後忘却された１９３０年代ヨーロッパのファシズム運動を写真と共に要領よく紹介。フランスやオランダなど自国第一や異民族・他国民排斥を唱える各国の極右政党躍進が80年前にも起こっていたことが日本語で分かる、貴重な史料の復刻版。メディア史家の佐藤卓己氏の解題及び、日本語版未付録図版、欧日併記索引を新たに付して、利用者の便に供する。

Ａ５判並製３３８頁　本体４５００円＋税